AF167903

Impressum
Verlag: BABADADA GmbH, Nedderfeld 112 , 22529 Hamburg
Geschäftsführer / Verlagsleitung: Harald Hof
Druck: Books on Demand GmbH, In de Tarpen 42, 22848 Norderstedt

Imprint
Publisher: BABADADA GmbH, Nedderfeld 112 , 22529 Hamburg, Germany
Managing Director / Publishing direction: Harald Hof
Print: Books on Demand GmbH, In de Tarpen 42, 22848 Norderstedt

škola

isikole

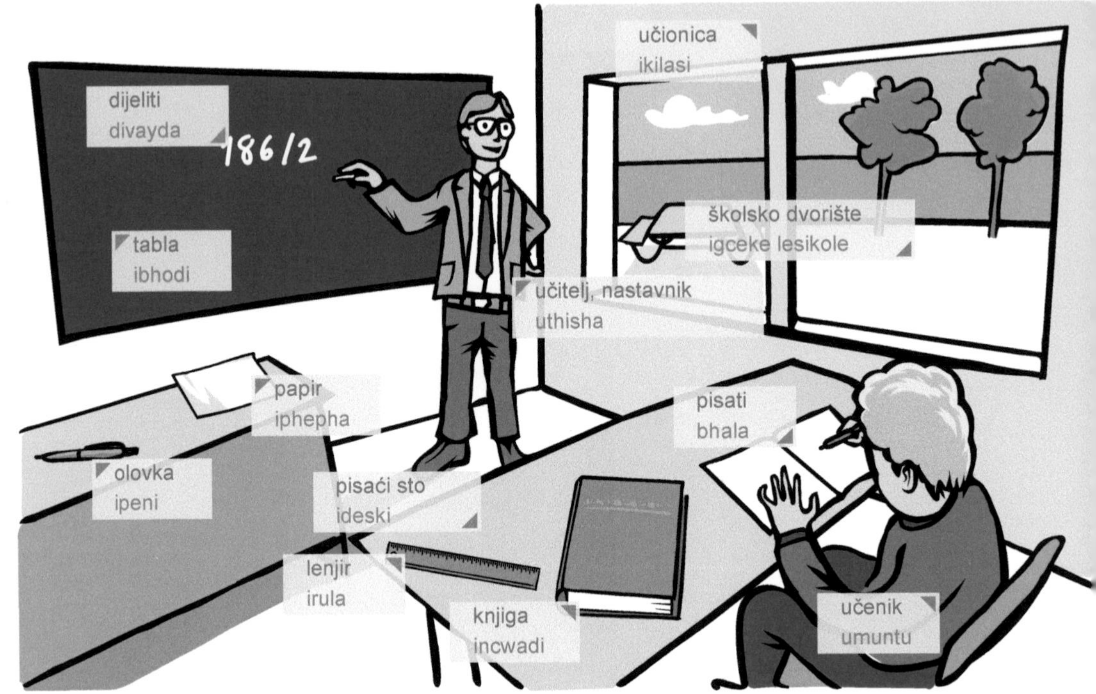

učionica
ikilasi
dijeliti
divayda
186/2
tabla
ibhodi
školsko dvorište
igceke lesikole
učitelj, nastavnik
uthisha
papir
iphepha
pisati
bhala
olovka
ipeni
pisaći sto
ideski
lenjir
irula
knjiga
incwadi
učenik
umuntu

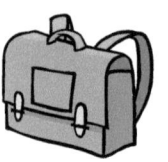

torba

isikhwama

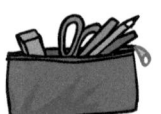

pernica

isikwama sepeni

drvena olovka

ipensela

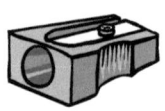

šiljalo za olovke

umshini wokulola

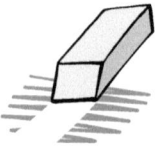

gumica

irabha

blok za crtanje

indawo yokudweba

crtež

ukudweba

kist

ibrashi lokupenda

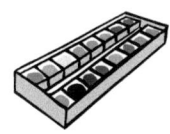

kutija s bojama

ibhokisi lokupenda

makaze

isikelo

ljepilo

inomfi

vježbanka

incwadi yesikole

domaća zadaća

umsebenzi wasekhaya

broj

inamba

sabirati

hlanganisa

oduzimati

susa

množiti

phindaphinda

računati

bala

slovo

incwadi

abeceda

izinhlamvu zamagama

riječ

igama

tekst
....
umbhalo

čitati
....
funda

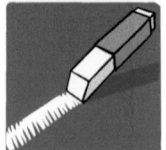

kreda
....
ushoki

sat
....
isifundo

školski dnevnik
....
bhalisa

ispit
....
isivivinyo

svjedočanstvo
....
isitifiketi

školska uniforma
....
iyunifomu yesikole

izobrazba
....
imfundo

leksikon
....
i-encyclopedia

univerzitet
....
inyuvesi

mikroskop
....
isibonakhulu

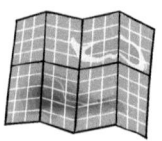

karta
....
ibalazwe

korpa za papir
....
ibhaskidi yokulahla
amaphepha

putovanje
ukuhamba

hotel
ihhotela
Grand
hostel
ihositela
ROOMS
mjenjačnica
i-bureau de change
kofer
i-suitcase
auto
imoto

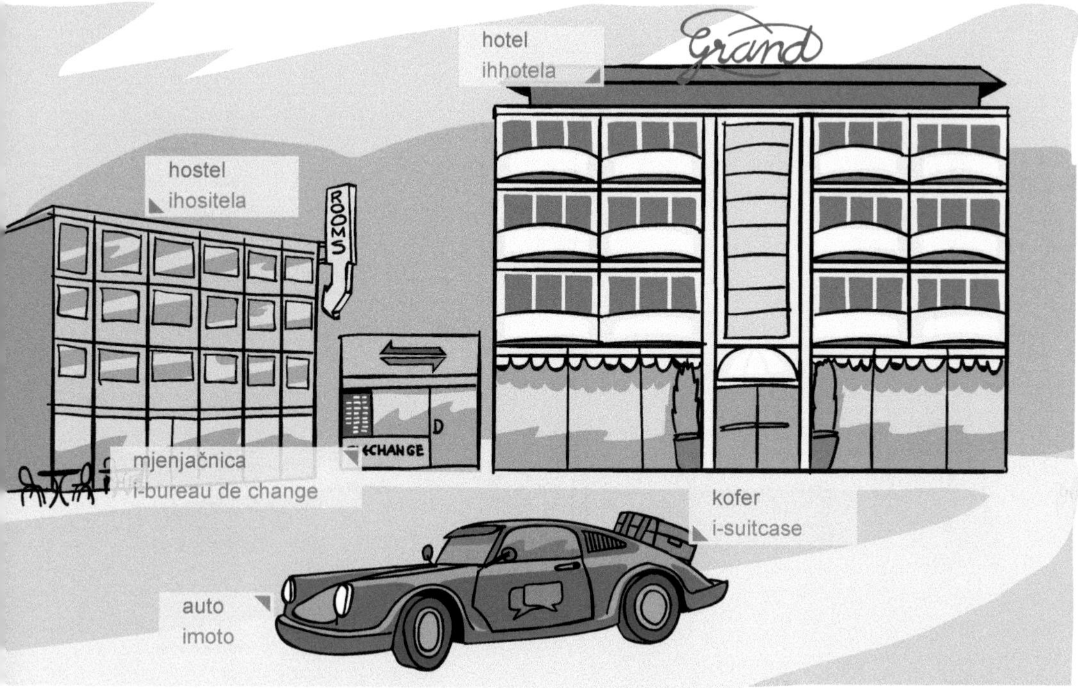

jezik

ulimi

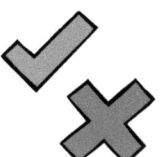

da / ne

yebo / cha

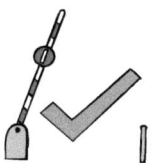

okej

kulungile

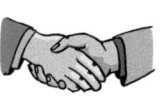

zdravo

sawubona

tumač

umhumushi

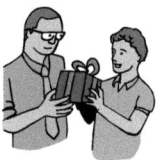

hvala

Ngiyabonga

Koliko košta...?

iyimalini i...?

Ne razumijem

angiqondi

problem

inkinga

dobro veče!

Intambama enhle!

Dobro jutro!

Sawubona!

Laku noć!

Ulale kahle!

doviđenja

bye bye

smjer

isiqondiso

prtljag

izikhwama

torba

isikhwama

ruksak

ubhakha

gost

isivakashi

soba

igumbi

vreća za spavanje

isikhwama sokulala

šator

ithende

turističke informacije

imininingwane yamathoristi

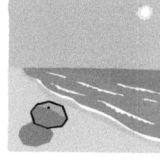

plaža

ulwandle

kreditna kartica

ikhadi lesikweletu

doručak

ukudla kwasekuseni

ručak

ukudla kwasemini

večera

ukudla kwasebusuku

putna karta

ithikithi

lift

i-lift

poštanska markica

isitembu

granica

ibhoda

carina

amasiko

ambasada

inxusa

viza

ivisa

pasoš

iphasiphothi

transport
izinto zokuhamba

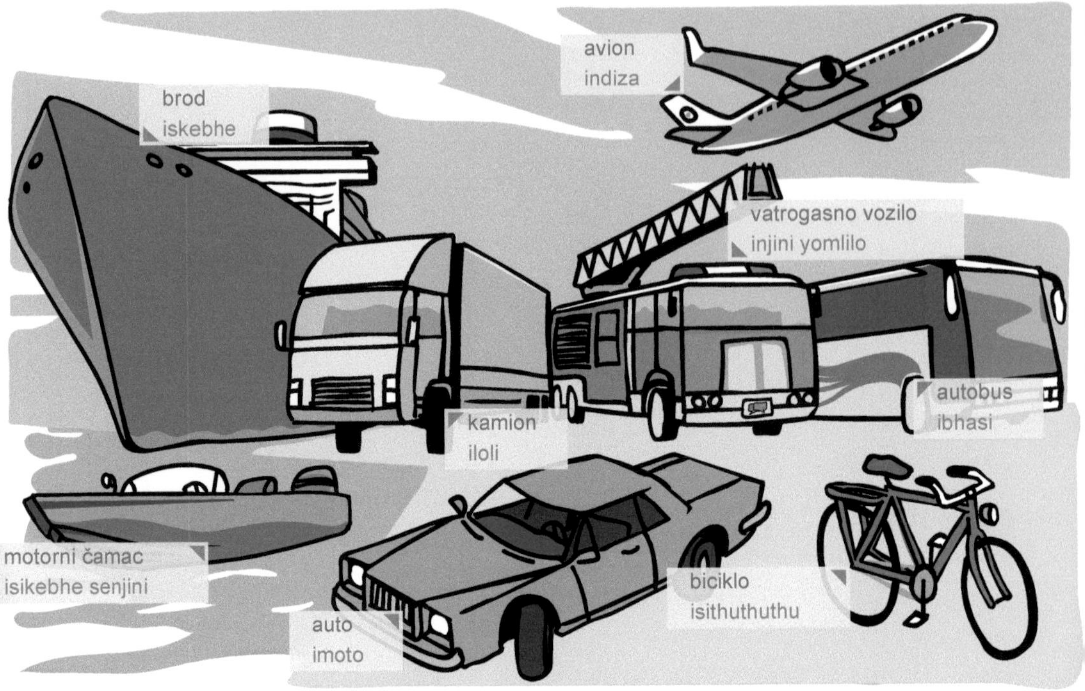

brod
iskebhe
avion
indiza
vatrogasno vozilo
injini yomlilo
autobus
ibhasi
kamion
iloli
motorni čamac
isikebhe senjini
biciklo
isithuthuthu
auto
imoto

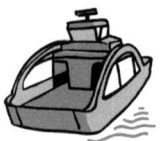

trajekt
isikebhe

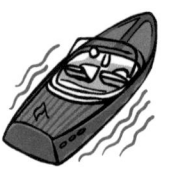

brod
isikebhe

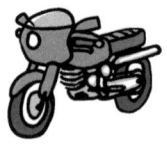

motocikl
isithuthuthu

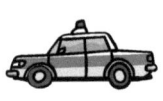

policijski automobil
imoto yamaphoyisa

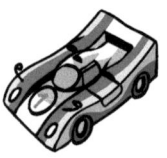

trkaći automobil
imoto ejahayo

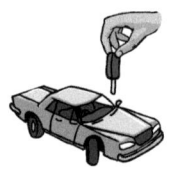

unajmljeni automobil
imoto eqashiwe

kar-šering

ukurenta imoto

pauk

iloli eliphukile

smećarsko vozilo

ithrakhi

motor

injini

gorivo

amafutha

benzinska pumpa

indawo yokuthela uphethiloli

saobraćajni znak

uphawu lwethrafikhi

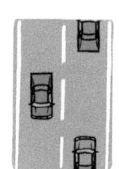

saobraćaj

ithrafikhi

zastoj

ithrafikhi enkulu

parking

indawo yokupaka izimoto

željeznička stanica

isitashi sesitimela

šine

amaloli

voz

isitimela

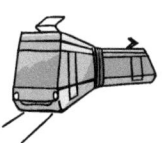

tramvaj

ithilamu

vagon

inqola

helikopter

ihelikhoptha

aerodrom

isikhungo sezindiza

toranj

umphongolo

putnik

iphasenja

kontejner

ikhonteyna

karton

ikhathoni

tačke

inqola

korpa

ubhasikidi

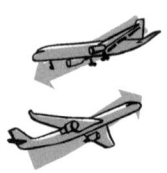

poletjeti / sletjeti

ukusuka / ukwehla

grad

idolobha

selo

isigodi

centar grada

i-city centre

kuća

indlu

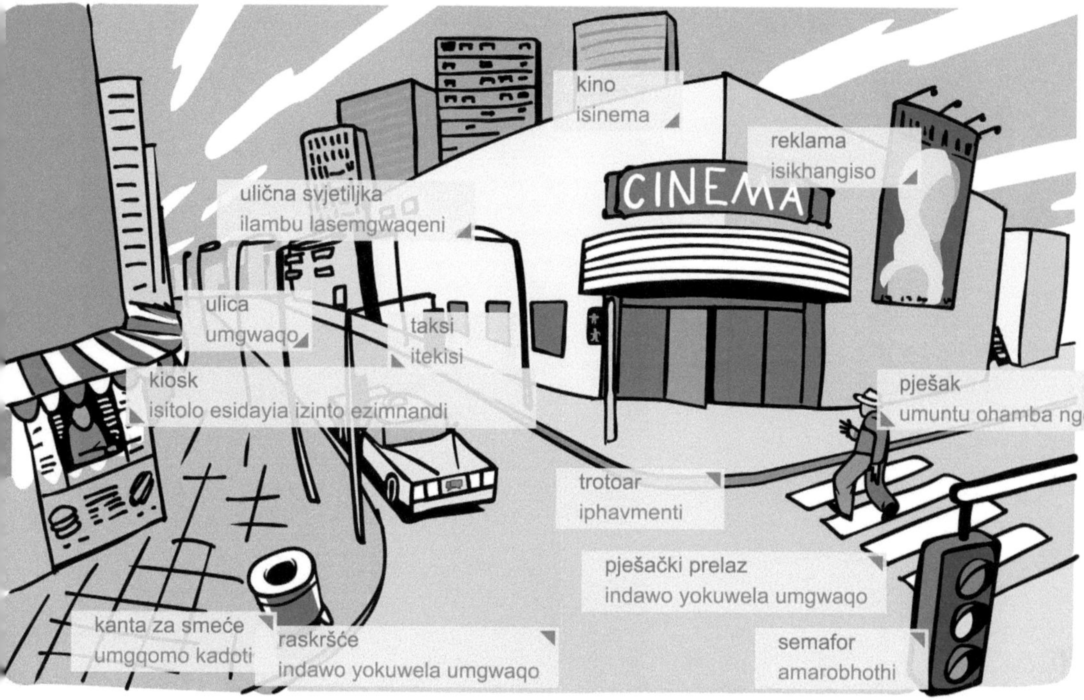
kino
isinema
reklama
isikhangiso
CINEMA
ulična svjetiljka
ilambu lasemgwaqeni
ulica
umgwaqo
taksi
itekisi
kiosk
isitolo esidayia izinto ezimnandi
pješak
umuntu ohamba nge
trotoar
iphavmenti
pješački prelaz
indawo yokuwela umgwaqo
kanta za smeće
umgqomo kadoti
raskršće
indawo yokuwela umgwaqo
semafor
amarobhothi

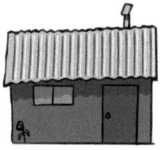

koliba

indlu yodaka

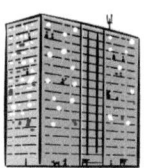

stan

i-flat

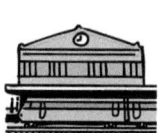

željeznička stanica

isitashi sesitimela

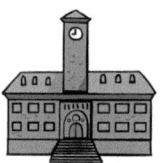

vjećnica

i-town hall

MUSEUM

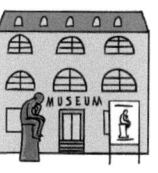

muzej

imuzilemu

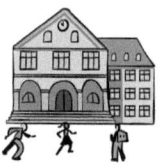

škola

isikole

univerzitet

inyuvesi

banka

ibhange

bolnica

isibhedlela

hotel

ihhotela

apoteka

ikhemisi

ured

i-ofisi

knjižara

isitolo sezincwadi

radnja

esitolo

cvjećara

istolo sezimbali

supermarket

emakethe enkulu

pijaca

imakethe

robna kuća

isitolo somnyango

prodavač ribe

i-fishmonger's

trgovački centar

isikhungo sezitolo

luka

isikhungo semikhumbi

park

ipaki

klupa

ibhentshi

most

ibhuloho

stepenice

izitezi

podzemna željeznica

ngaphansi komhlaba

tunel

umhubhe

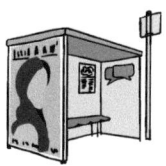

autobuska stanica

istobhu sebhasi

bar

i-bar

restoran

isitolo sokudlela

poštanski sandučić

eposini

saobraćajni znak

uphawu lwasemgwaqeni

sat za naplatu parkinga

umshini wokukhokhela
ukupaka

zoološki vrt

esiqiwini

bazen

indawo yokubhukuda

džamija

i-mosque

seosko imanje

ifamu

zagađenje okoline

ukungcola

groblje

amagcwaba

crkva

isonto

igralište

igrawundi lokudlala

hram

ithempeli

krajolik

ingadi

list
icembe

putokaz
mpambano mgwaqo

putokaz
indlela

livada
idlelo

kamen
itshe

drvo
isihlahla

putnik
umqwali wezintaba

rijeka
umfula

trava
utshani

cvijet
imbali

dolina
isigodi

brdo
intaba

jezero
ichibi

šuma
ihlathi

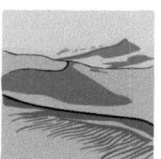

pustinja
ogwadule

vulkan
intaba mlilo

dvorac
isigodlo

duga
uthingo

gljiva
ikhowe

palma
isihlahla sesundu

komarac
umiyane

muha
ukundiza

mrav
intuthwane

pčela
inyosi

pauk
isicabucabu

buba

ibhungane

žaba

ixoxo

vjeverica

i-squirrel

jež

i-hedgehog

zec

unogwaja

sova

isikhova

ptica

izinyoni

labud

idada

divlja svinja

intibane

jelen

inyamazane

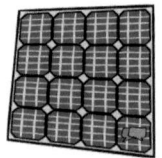

los

i-moose

brana

idamu

vjetrenjača

i-wind turbine

solarni modul

i-solar panel

klima

isimo sezulu

restoran

isitolo sokudlela

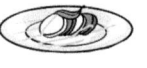

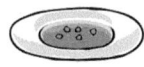

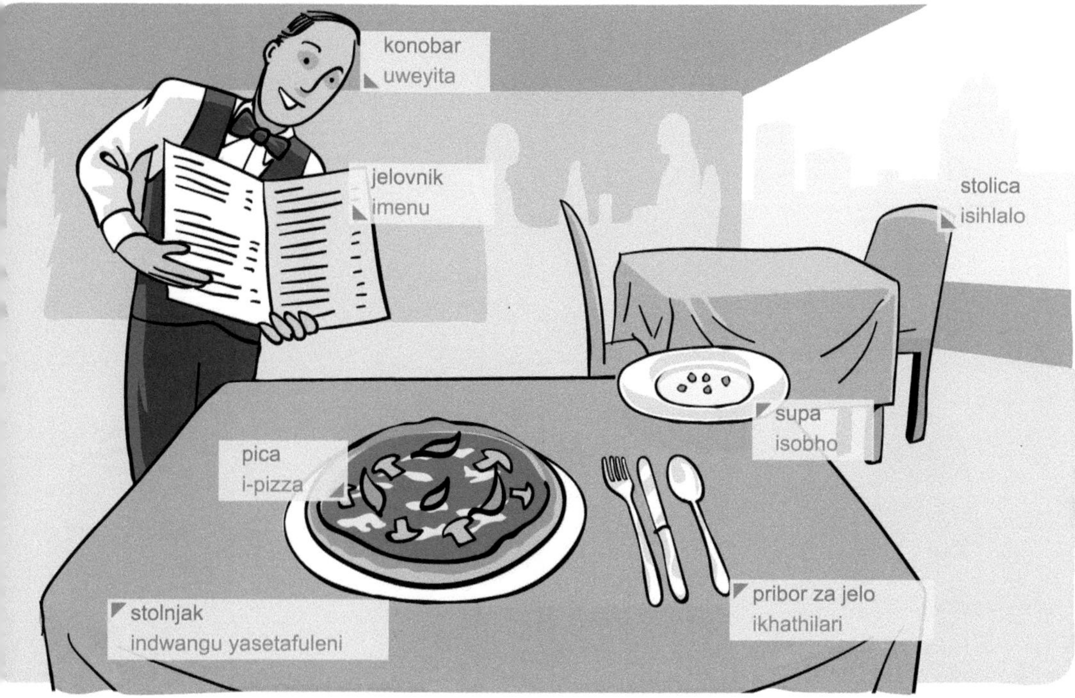

konobar
uweyita
jelovnik
imenu
stolica
isihlalo
supa
isobho
pica
i-pizza
stolnjak
indwangu yasetafuleni
pribor za jelo
ikhathilari

predjelo
ukudla okulula

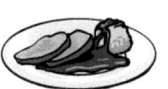

glavno jelo
isidlo

desert
idizethi

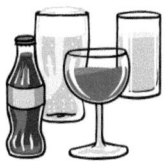

piće
iziphuzo

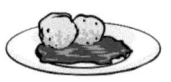

jelo
ukudla

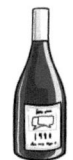

flaša
ibhodlela

brza hrana

ukudla okulula

jelo sa ulice

ukudla okudayiswa
emgwaqeni

čajnik

ithiphothi

šećernica

isitsha sikashukela

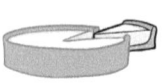

porcija

ingxenye

mašina za espreso

umshini we-ekspreso

barska stolica

isitulo esiphezulu

račun

izindleko

tacna

ithreyi

nož

ummese

viljuška

imfologo

kašika

ispuni

kašičica

ithispuni

salveta

indawo yokusula umlomo

čaša

igilasi

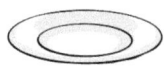

tanjir

ipuleti

tanjir za supu

ipuleti lesobho

tanjurić

isoso

sos

isosi

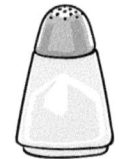

solanik

isitsha sasawoti

mlin za biber

isitsha sephepha

sirće

uviniga

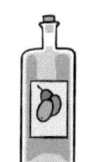

ulje

amafutha

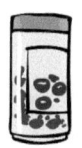

začini

izinongo

kečap

isosi yetamatisi

senf

isosi yesinaphi

majoneza

imayonesi

supermarket

emakethe enkulu

ponuda
amanani akhethekile
FOR
klijent
ikhasimende
mliječni proizvodi
ukudla okwenziwe ngobisi
voće
isithelo
kolica za kupovinu
ithroli

BUTCHERS

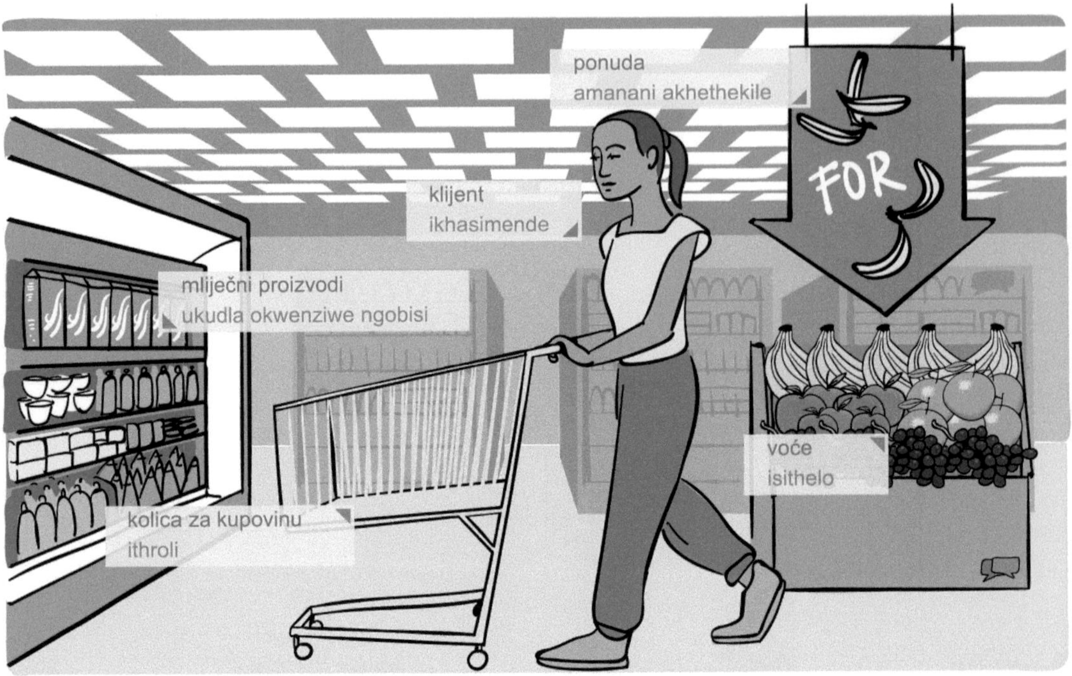

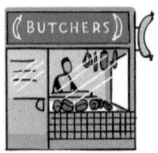

mesnica- klaonica

ebhusha

BAKERY

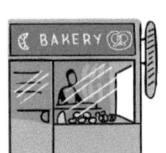

pekara

isitolo esidayisa isinkwa

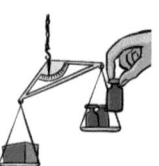

vagati

kala

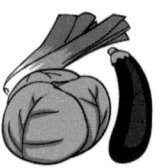

povrće

amaveji

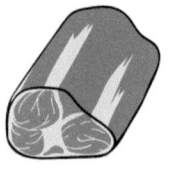

meso

inyama

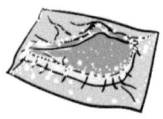

zaleđena hrana

ukudla okubandayo

narezak

inyama ebandayo

konzerve

ukudla okusethinini

prašak za veš

insipho yokuwasha
enguphawuda

slatkiši

oswidi

kućanski proizvodi

izinto zasendlini

sredstvo za čišćenje

izinto zokuhlanza

prodavačica

umuntu odayisayo

kasa

ithili

blagajnik

umbali wemali

lista za kupovinu

izinto okumelwe zithengwe

radno vrijeme

amahora okuvula

novčanik

uwolethi

kreditna kartica

ikhadi lesikweletu

torba

isikhwama

najlonska vrećica

isikwama sepulastiki

voda

amanzi

sok

ijusi

mlijeko

ubisi

kola

i-coke

vino

iwayini

pivo

ubhiya

alkohol

utshwala

kakao

i-cocoa

čaj

itiye

kafa

ikhofi

espreso

i-ekspreso

kapućino

ikhaphachino

banana

ubhanana

jabuka

i-apula

narandža

i-olintshi

lubenica

ikhabe

limun

ulamula

mrkva

ukherothi

bijeli luk

ugaligi

bambus

umhlanga

crveni luk

u-anyanisi

gljiva

ikhowe

orašasti plodovi

amakinati

pasta

ama-noodle

špagete

isipagethi

riža

iraysi

salata

isaladi

pomfrit

ama-chips

pečeni krompir

amazambane athosiwe

pica

i-pizza

hamburger

ibhega

sendvič

isendiwichi

šnicla

inyama engenathambo

šunka

ham

kobasica

salami

kobasica

isoseji

kokoš

inkukhu

pečenje

yosiwe

riba

inhlanzi

zobene pahuljice

iphalishi le-oats

muzli

i-muesli

kornfleks

ama-cornflakes

brašno

uflulawa

kroason

i-croissant

zemičke

isinkwa esiyiroli

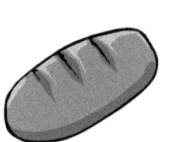

kruh

isinkwa

tost

i-toast

keksi

amabhiskidi

maslac

ibhotela

svježi sir

i-curd

kolač

ikhekhe

jaje

iqanda

jaje na oko

iqanda elithosiwe

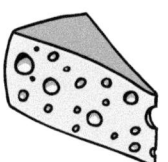

sir

ushizi

sladoled

i-ice cream

šećer

ushukela

med

uju

marmelada

ujamu

nugat krema

ispredi sikashokholedi

kuri

isitshulu

jelo - ukudla

seosko imanje
ifamu

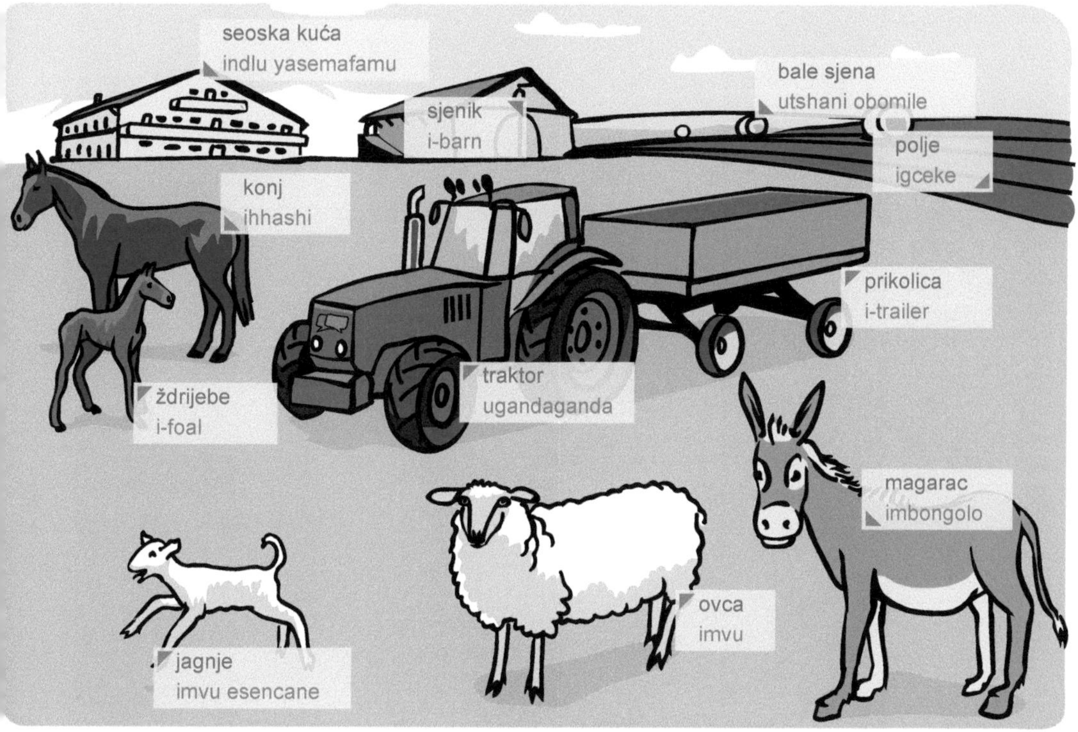
seoska kuća
indlu yasemafamu
sjenik
i-barn
bale sjena
utshani obomile
polje
igceke
konj
ihhashi
prikolica
i-trailer
traktor
ugandaganda
ždrijebe
i-foal
magarac
imbongolo
ovca
imvu
jagnje
imvu esencane

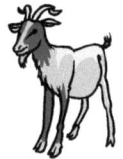

koza
imbuzi

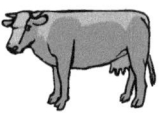

krava
inkomo

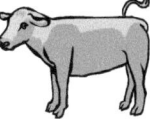

tele
ithole

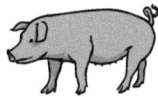

svinja
ingulube

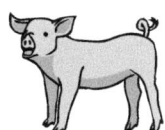

prase
ingulube esencane

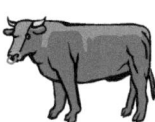

bik
inkunzi

guska

ihansi

patka

idada

pile

ichwane

kokoška

isikhukhukazi

pjetao

iqhude

pacov

igundwane

mačka

ikati

miš

igundwane

vol

inkabi

pas

inja

pseća kućica

indlu yenja

crijevo za baštu

ipayipi lokunisela

kanta za zalijevanje

ikani lokunisela

kosa

ucelemba

plug

igeja

srp

isikela

motika

ukhuba

vile

imfoloko

sjekira

imbazo

tačke

ibhala

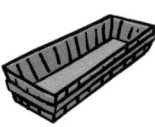

korito

umkhombe

bokal za mlijeko

ubusi olusekanini

vreća

isaka

ograda

ifensi

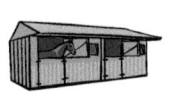

štala

esitebhilini

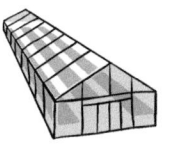

staklenik

i-greenhouse

tlo

inhlabathi

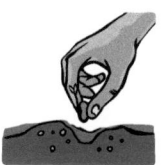

sjeme

imbewu

đubrivo

umanyolo

kombajn

ukuvuna okuhlanganisiwe

kositi
....
vuna

žetva
....
isivuno

jam korijen
....
ama-yam

pšenica
....
ukolweni

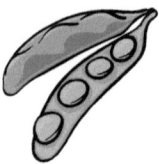

soja
....
umbhontshisi

krompir
....
amazambane

kukuruz
....
ummbila

uljana repica
....
i-rapeseed

drvo voća
....
isihlahla sezithelo

manioka
....
umdumbula

žito
....
amasiriyeli

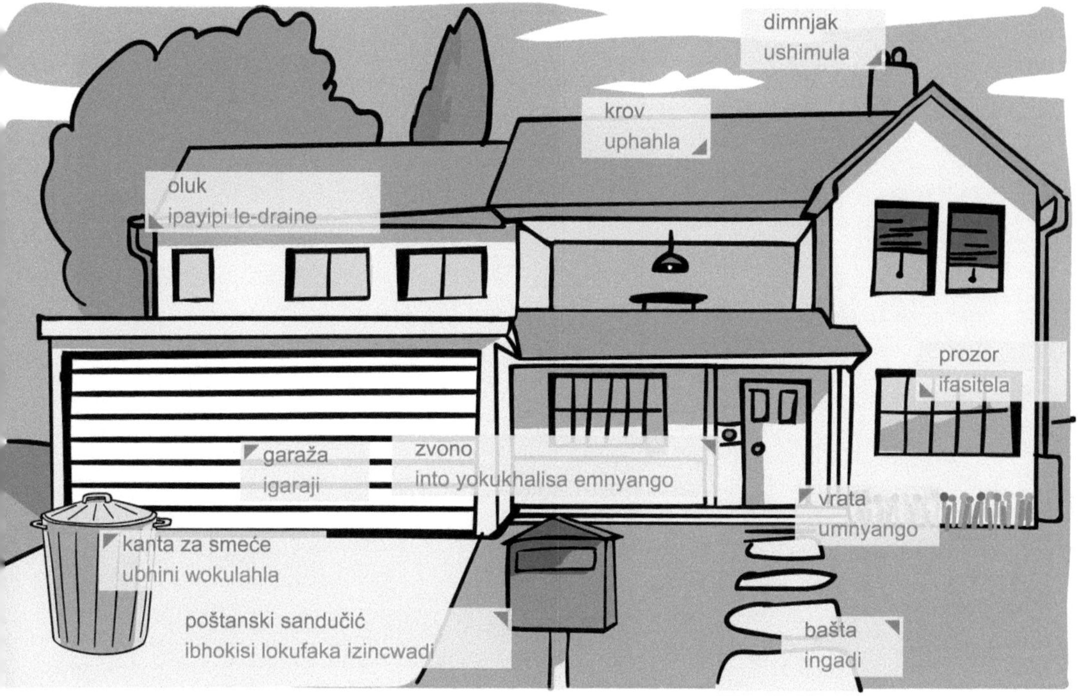

dimnjak
ushimula

krov
uphahla

oluk
ipayipi le-draine

prozor
ifasitela

garaža
igaraji

zvono
into yokukhalisa emnyango

vrata
umnyango

kanta za smeće
ubhini wokulahla

poštanski sandučić
ibhokisi lokufaka izincwadi

bašta
ingadi

dnevni boravak
igumbi lokuhlala

kupatilo
igumbi lokugeza

kuhinja
ikhishi

spavaća soba
igumbi lokulala

dječija soba
igumbi lezingane

trpezarija
igumbi lokudlela

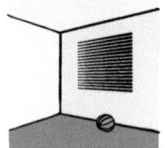

pod, tlo

phansi

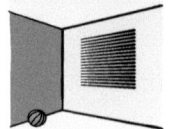

zid

udonga

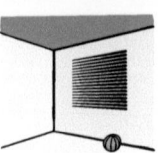

plafon

usilingi

podrum

i-cella

sauna

i-sauna

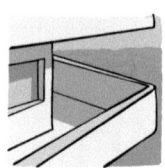

balkon

ibhalconi

terasa

i-terrace

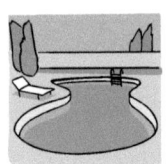

bazen

iphuli

kosilica

umshin wokugunda utshani

posteljina

ishidi

pokrivač

ingubo yokulala

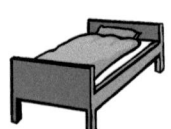

krevet

umbhede

metla

umshanelo

kanta

ibhakede

prekidač

i-switch

dnevni boravak
igumbi lokuhlala

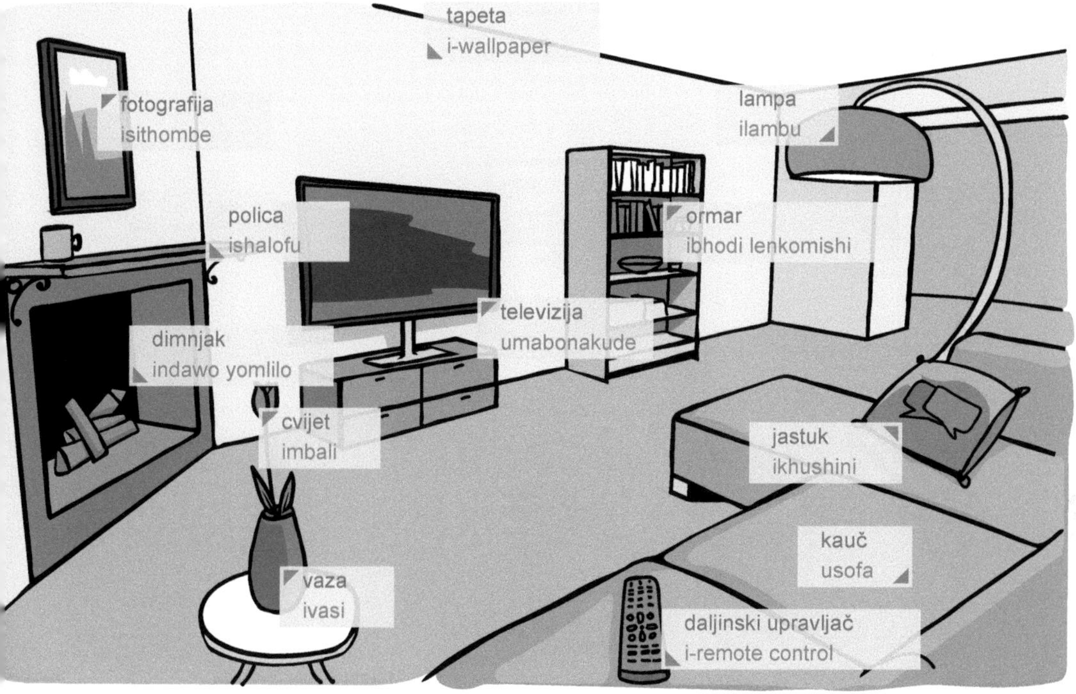
tapeta
i-wallpaper
fotografija
isithombe
lampa
ilambu
polica
ishalofu
ormar
ibhodi lenkomishi
televizija
umabonakude
dimnjak
indawo yomlilo
cvijet
imbali
jastuk
ikhushini
kauč
usofa
vaza
ivasi
daljinski upravljač
i-remote control

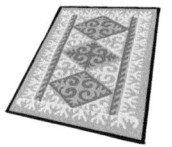

tepih
ukhaphethe

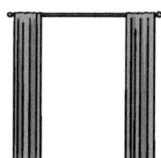

zavjesa
ikhethini

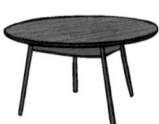

stol
itafula

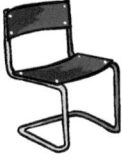

stolica
isihlalo

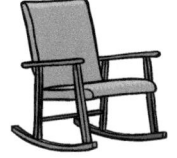

stolica za ljuljanje
isihlalo esinyakazayo

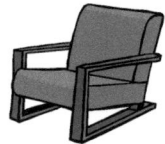

fotelja
isihlalo esingangengalo

knjiga

incwadi

deka

ingubo

dekoracija

ukuhlobisa

ložno drvo

izinkuni zokubasa

film

ifilimu

stereo uređaj

izinto ze-hi-fi

ključ

ukhiye

novine

iphephandaba

umjetnička slika

ukupenda

poster

iphosta

radio

umsakazo

blok za bilješke

i-notepad

usisavač

ihuva

kaktus

i-cactus

svijeća

ikhandlela

kuhinja
ikhishi

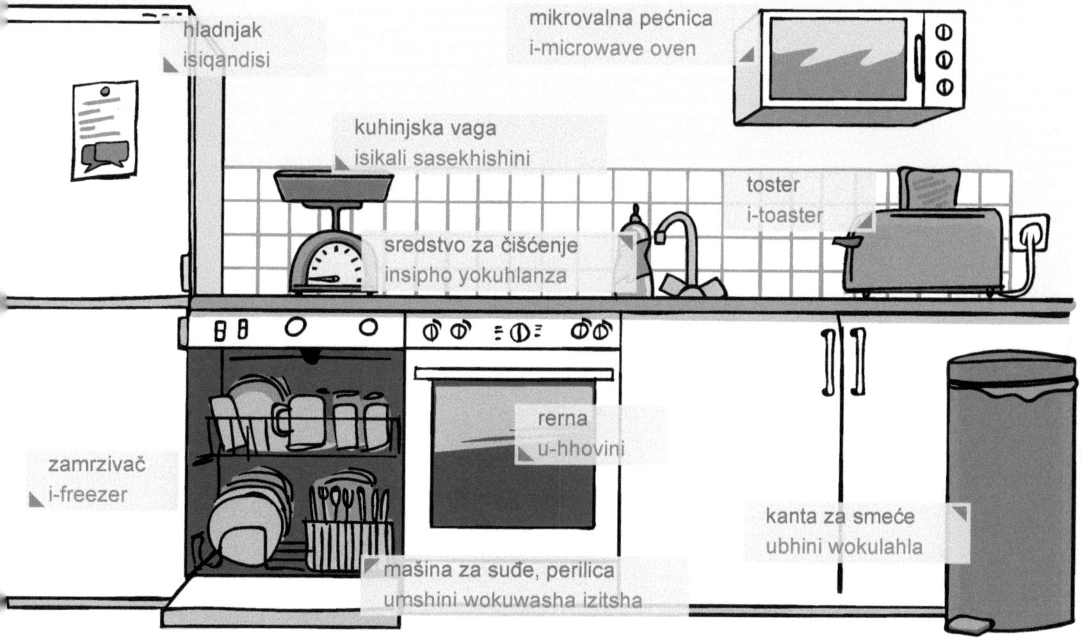

hladnjak
isiqandisi
mikrovalna pećnica
i-microwave oven
kuhinjska vaga
isikali sasekhishini
toster
i-toaster
sredstvo za čišćenje
insipho yokuhlanza
rerna
u-hhovini
zamrzivač
i-freezer
kanta za smeće
ubhini wokulahla
mašina za suđe, perilica
umshini wokuwasha izitsha

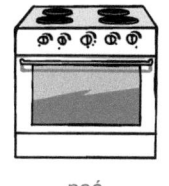

peć

umshini wokupheka

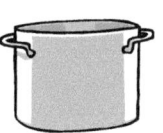

lonac

ibhodwe

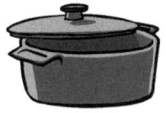

metalni lonac

ibhodwe le-cast iron

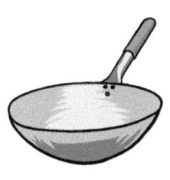

vok / kadai

i-wok / kadai

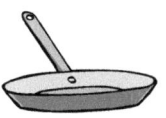

tava, tiganj

ipani

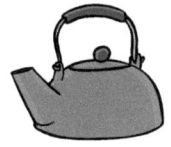

kuhalo

iketela

aparat za kuhanje na pari

i-steamer

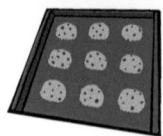

lim za pečenje

ithreyi lokubhaka

posuđe

izitsha zokudla

šalica

imaki

činija

isitsha

kineski štapići

izinti zendwangu

kutlača

isixembe sokuphaka

lopatica

ispathula

metlica za snijeg bjelanjca

i-whisk

sito za kuhanje

i-strainer

sito

isisefo

ribež

igretha

avan s tučkom

isitsha sodaka

roštilj

i-barbecue

ložište

umlilo

daska

ibhodi lokuqoba

oklagija

ipini lokurola

vadičep

iskrew

konzerva

ikani

otvarač za konzerve

into yokuvula ikani

krpe za lonac

indwangu yokubamba
ibhodwe

sudoper

usinki

četka

i-brush

spužva

isiponji

mikser

ibhlenda

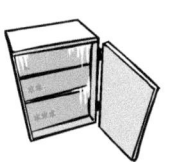

zamrzivač

i-deep freezer

flašica za bebu

ibhodlela lengane

slavina

umpompi

kupatilo
igumbi lokugeza

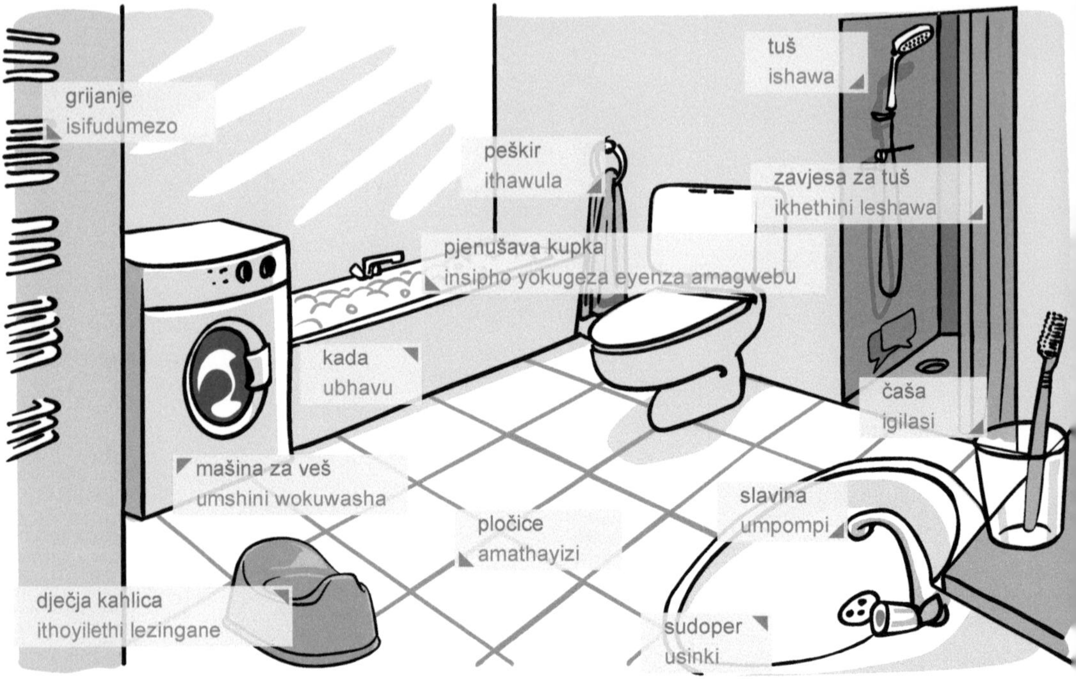

tuš
ishawa
grijanje
isifudumezo
peškir
ithawula
zavjesa za tuš
ikhethini leshawa
pjenušava kupka
insipho yokugeza eyenza amagwebu
kada
ubhavu
čaša
igilasi
mašina za veš
umshini wokuwasha
slavina
umpompi
pločice
amathayizi
dječja kahlica
ithoyilethi lezingane
sudoper
usinki

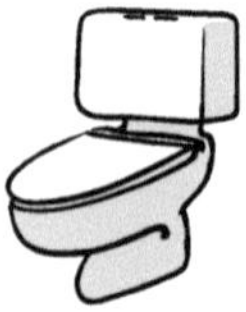

toalet

ithoyilethi

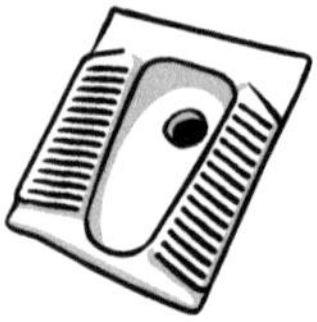

čučavac

ithoyilethi oqoshama kuyo

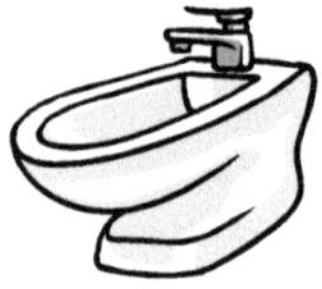

bide

ithoyilethi le-bidet

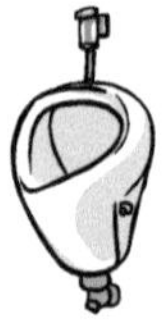

pisoar

ithoyilethi lokuchama labesilisa

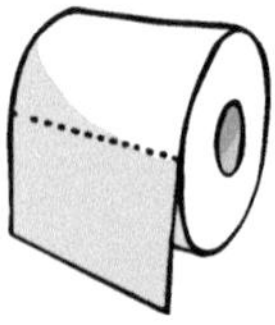

toalet papir

iphepha lasethoyilethi

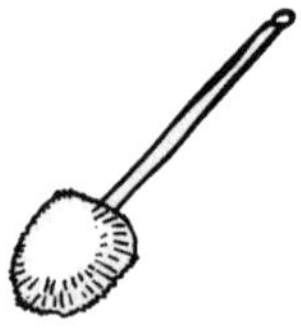

četka za wc

ibhrashi lasethoyilethi

četkica za zube

ibhrashi lamazinyo

pasta za zube

insipho yamazinyo

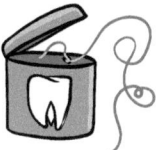

zubni konac

into yokuvungula

prati

washa

tuš

ishawa ebanjwa ngesandla

intimni tuš

uchatho

lavor

u-basini

četka za leđa

ibrashi lomhlane

sapun

insipho

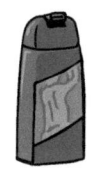

gel za tuširanje

ijeli yeshawa

šampon

ishampu

krpe za pranje

ishethi lesikoshi

odvod

i-drain

krema

ukhilimu

dezodorans

into yokugcoba
amakhwapha

ogledalo

isibuko

ogledalo za šminkanje

isibuko esiphathwa
ngesandla

brijač

ireyza

pjena za brijanje

igwebu lokushefa

vodica poslije brijanja

umuthi ogcotshwa ngemva
kokushefa

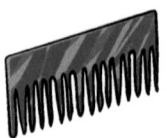

češalj

ikama

četka

ibhrashi

fen

into yokomisa izinwele

sprej za kosu

ispreyi sezinwele

puder

i-makeup

karmin

into yokugcoba umlomo

lak za nokte

into yokususa upende
wezinzipho

vata

uwuli kakotini

makazice za nokte

isikelo sezinzipho

parfem

isigqolo

kozmetička torbica

isikhwama sezinto zokugeza

hoklica

isitulo

vaga

isikali

kupaći ogrtač

ingubo yokugeza

rukavice za čišćenje

amagilavu erabha

tampon

ithemponi

uložak za dame

iphedi yasesikhathini

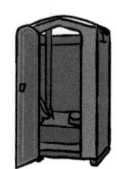

hemijski toalet

ithoyilethi lekhemikhali

dječija soba
igumbi lezingane

budilnik
i-alamu yewashi elichonywayo
plišana igračka
ithoyizi lokudlala
auto za igru
imoto eyithoyizi
zvečka
i-rattle
kućica za lutke
indlu kanodoli
poklon
isiphongo

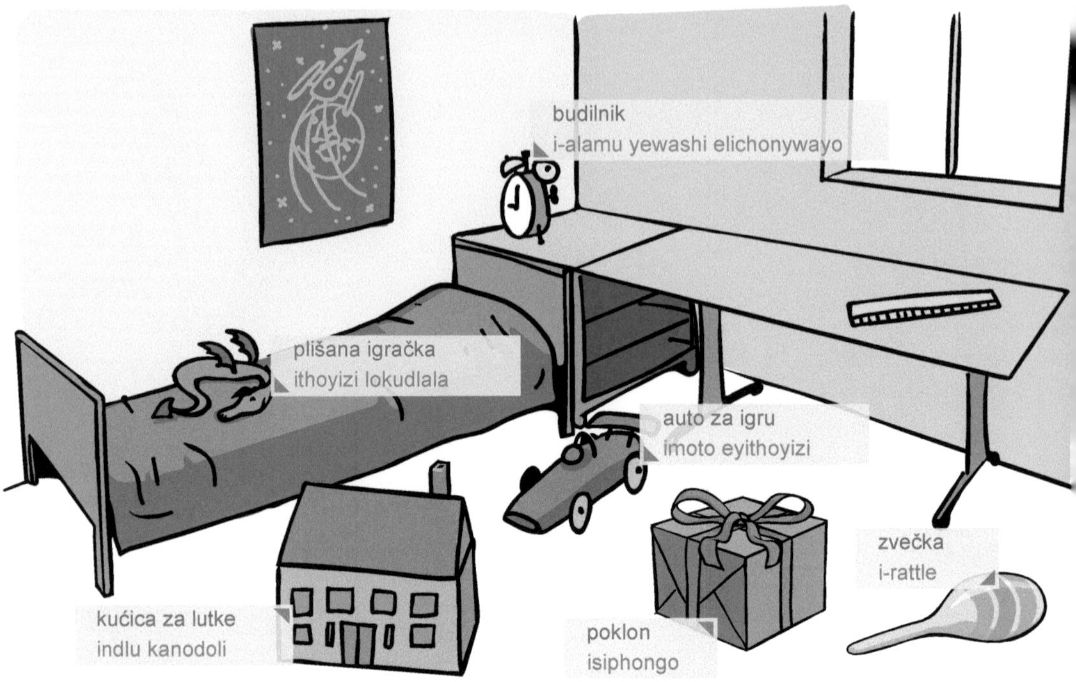

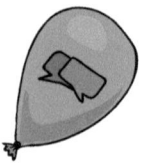

balon

ibhaluni

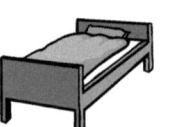

krevet

umbhede

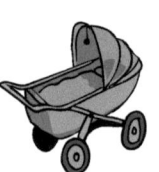

kolica za djecu

iphremu

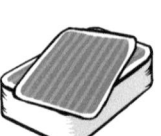

karte za igranje

amakhadi

puzle

i-jigsaw

SUPER
MEGA

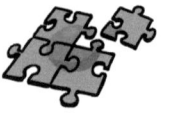

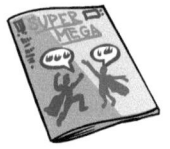

strip

indaba edwetshiwe

lego kockice

amabrick elego

kockice za gradnju

amabhuloksi okwakha

akcione figure

unodoli weqhawe

benkica

izimpahla zezingane

frizbi

i-frisbee

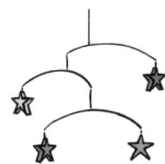

mobile

amathoyizi ezingane alengayo

igra na ploči

ibhodi lokudlala igemu

kocka

idayisi

miniatura željeznice

isethi yesitimela

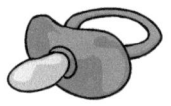

cucla

idemu

zabava

iphathi

slikovnica

incwadi yezithombe

lopta

ibhola

lutka

unodoli

igrati

dlala

pješćanik

umgodi wenhlabathi

ljuljačka

uzwinki

igračke

amathoyizi

konzola za igru

umshini wamavidiyo geymu

triciklo

ibhayisikili elinemasondo
amathathu

medvjedić

uthedibhe

ormar

u-wardrobe

odjeća

izimpahla

kratke čarape

amasokisi

čarape

amastokhingi

hulahopke

amathayithi

šal
isikhafu

kaiš
ibhande

kišobran
i-amburela

majica kratkih rukava
ishethi

patike
abaqeqeshi

čizme
amabhuthi

papuče
izicathulo zokulala

sandale
amasandali

cipele
izicathulo

gumene čizme
amabhuthi erabha

gaće
iphenti

grudnjak
u-bra

potkošulja
ivesti

odjeća - izimpahla

bodi

umzimba

hlače

amabhulukwe

farmerke

amajini

suknja

isiketi

bluza

isikibha

košulja

ishethi

džemper

ijezi elinezigqoko

majica

i-hoodie

sako

ibhuleyiza

jakna

ijakhethi

mantil

ijazi

kišni mantil

i-raincoat

kostim

ikhosyumu

haljina

ingubo

vjenčanica

ingubo yomshado

odijelo

isudu

spavaćica

ingubo yokulala

pidžama

amaphijama

sari

ingubo yesari

marama

isikhafu

turban

isigqoko se-turban

burka

ibhukha

kaftan

ingubo yekaftani

abaja

abaya

kupaći kostim

impahla yokubhukuda

kupaće gaće

amathranki

kratke hlače

isikhindi

trenerka

i-tracksuit

pregača

ingubo yokupheka

rukavice

amagilavu

dugme

ibhathini

naočare

izibuko

narukvica

ibhengela

ogrlica

umgexo

prsten

indandatho

naušnica

amacici

kapa

ikepisi

vješalica

into yokuhenga ijazi

šešir

isigqoko

kravata

uthayi

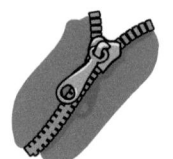

patentni zatvarač

uziphu

kaciga

ihelmethi

tregeri za hlače

ama-braces

školska uniforma

iyunifomu yesikole

uniforma

iyunifomu

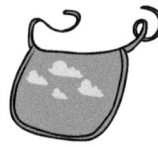

podbradak

ibhayi lengane

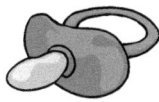

cucla

idemu

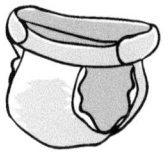

pelene

inabukeni

ured
i-ofisi

server
iseva
ormar za kartoteku
ikhabethe lamafayela
papir
iphepha
štampač
umshin wokuphrinta
monitor
imonitha
pisaći sto
ideski
miš
imawusi
registrator
ifolda
tastatura
ikhibhodi
korpa za papir
bhaskidi yokulahla amaphepha
stolica
isihlalo
kompjuter
ikhompyutha

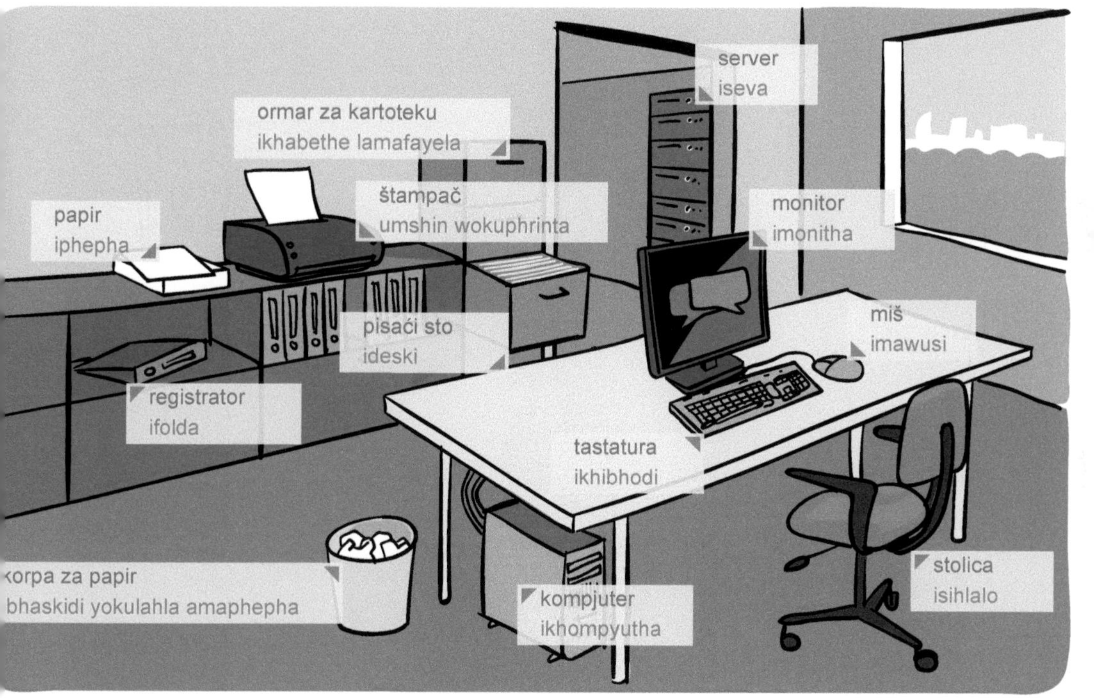

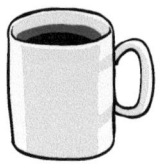

šolja za kafu

imagi yekhofi

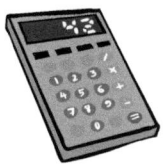

kalkulator

ikhalkhuletha

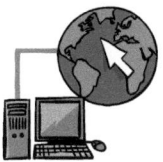

internet

i-inthanethi

laptop

ilephuthophu

pismo

incwadi

poruka

umyalezo

mobilni telefon

ifoni

mreža

inethiwekhi

aparat za kopiranje

ifothokhophi

softver

i-software

telefon

ucingo

utičnica

indawo yokupulaka

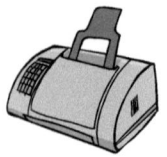

faks

umshini wokufeksa

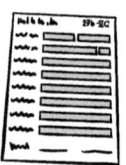

formular

ifomu

dokument

idokhumenti

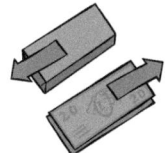

kupovati

thenga

platiti

khokha

trgovati

shintshana

novac

imali

 **USD**

dolar

idola

 **EUR**

euro

i-euro

 **JPY**

jen

iyen

 **RUB**

rublja

i-rouble

 **CHF**

franak

iSwiss franc

 **CNY**

renminbi jen

i-renminbi yuan

 **INR**

rupi

i-rupee

bankomat

umshini wokukhipha imali

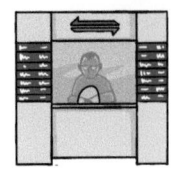

mjenjačnica

i-bureau de change

zlato

igolide

srebro

isiliva

nafta

amafutha

energija

amandla

cijena

inani lemali

ugovor

ukuxhumana

porez

intela

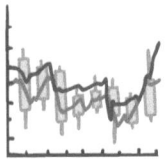

akcija

isitokwe

raditi

sebenza

službenik

isisebenzi

poslodavac

umqashi

fabrika

ifekthri

radnja

esitolo

zanimanja
imisebenzi

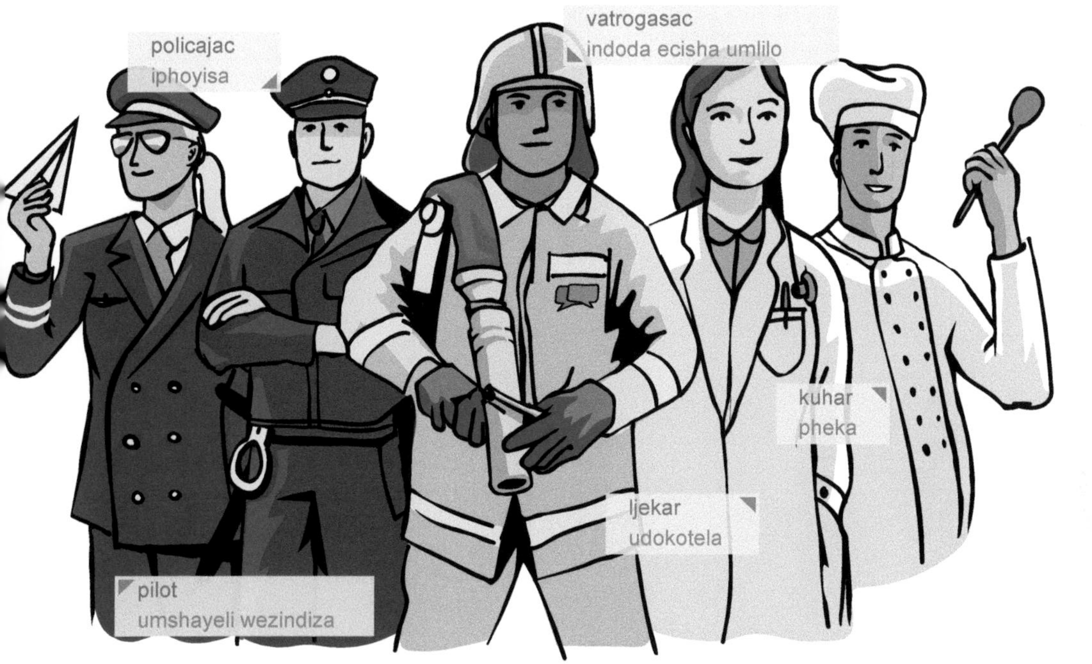
policajac
iphoyisa
vatrogasac
indoda ecisha umlilo
kuhar
pheka
ljekar
udokotela
pilot
umshayeli wezindiza

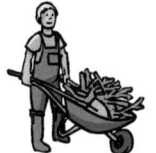

baštovan

umuntu onakekela ingadi

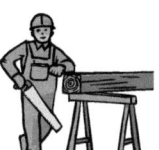

stolar

umbazi

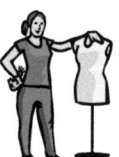

krojačica

umthungi

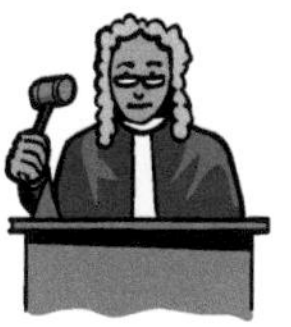

sudija

ijaji

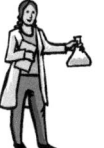

hemičar

umuntu osebenza ekhemisi

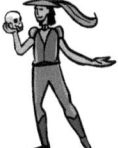

glumac

umlingisi

vozač autobusa

umshayeli webhasi

vozač taksija

umshayeli wetekisi

ribar

indoda edoba izinhlanzi

čistačica

owesifazane ohlanzayo

krovopokrivač

umuntu olungisa uphahla

konobar

uweyita

lovac

umzingeli

moler

umuntu opendayo

pekar

umbhaki

električar

umuntu osebenza ngogesi

građevinski radnik

umakhi

inženjer

unjiniyela

koljač

indawo edayisa inyama

limar, vodoinstalater

umuntu osebenza
ngamapayipi

poštar

indoda yaseposini

vojnik

isosha

arhitekta

umdwebi wezakhiwo

blagajnik

umbali wemali

cvjećar

umuntu otshala izimbali

frizer

umuntu owenza izinwele

kontrolor

umqondisi wasesitimeleni

mehaničar

umakhenikha

kapiten

ukaputeni

zubar

udokotela wamazinyo

naučnik

usosayensi

rabin

urabi

imam

imam

monah

indela

sveštenik

umfundisi

alat
amathuluzi

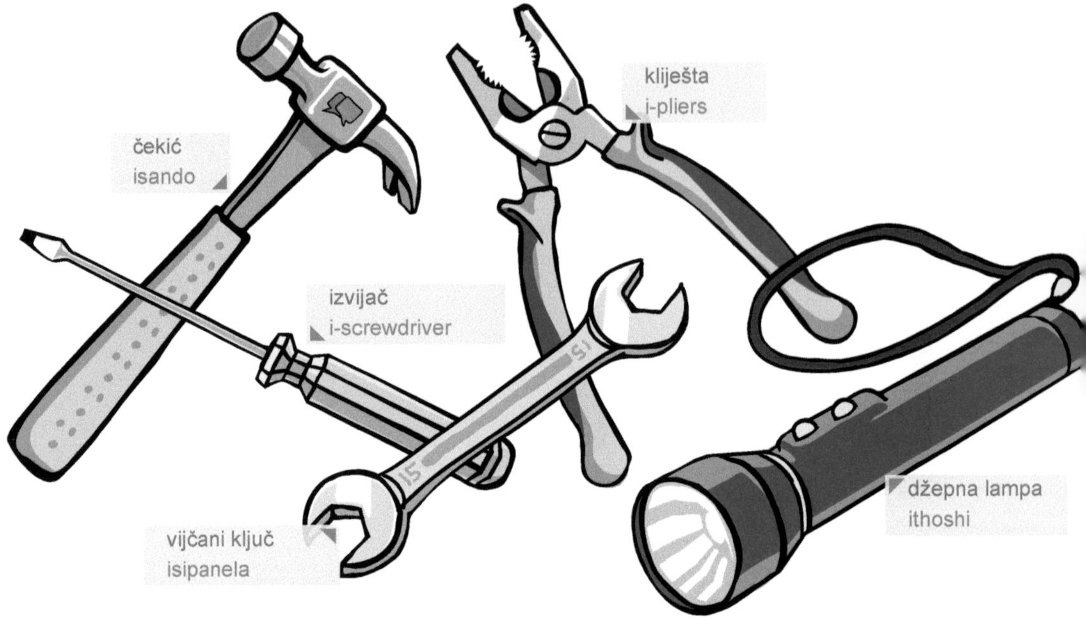
čekić
isando
kliješta
i-pliers
izvijač
i-screwdriver
vijčani ključ
isipanela
džepna lampa
ithoshi

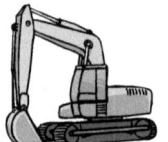

bager

umshini wokumba

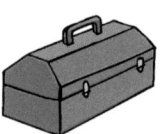

kutija sa alatom

ibhokisi lamathuluzi

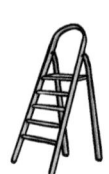

ljestve

isitebhisi

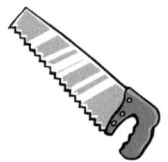

testera, pila

isaha

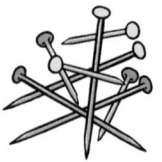

ekser

izinzipho

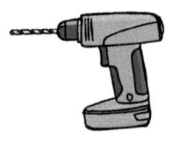

bušilica

i-drill

popraviti
lungisa

lopata
ifosholo

sranje!
Damethi!

lopatica
idastipheni

kanta boje
ithini likapende

vijak
i-screws

muzički instrumenti
izinsimbi zomculo

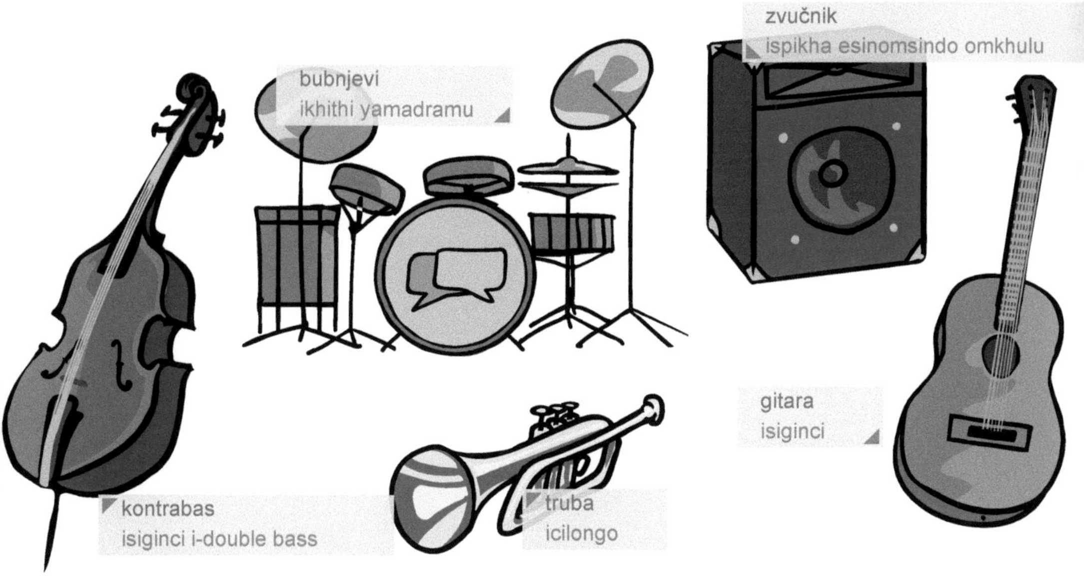

zvučnik
ispikha esinomsindo omkhulu

bubnjevi
ikhithi yamadramu

gitara
isiginci

kontrabas
isiginci i-double bass

truba
icilongo

klavir

ipiyano

violina

ivayolini

bas

i-bass

bubanj timpani

ithimpani

bubanj

amadramu

sintisajzer

i-keyboard

saksofon

i-saxophone

flauta

umtshingo

mikrofon

imakhrofoni

zološki vrt
esiqiwini

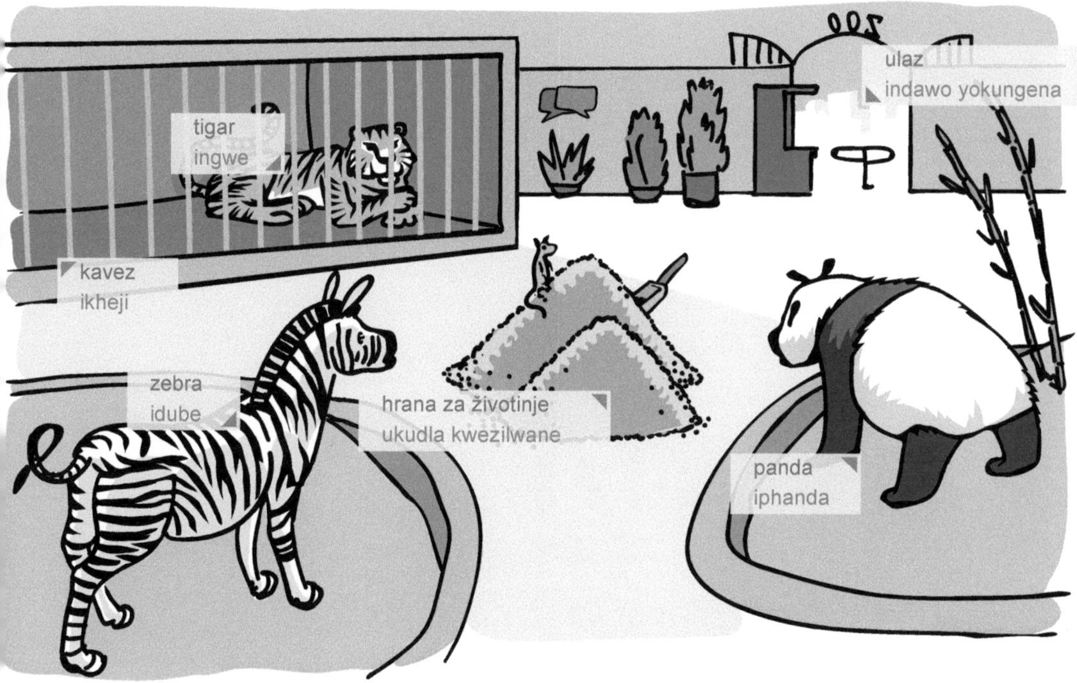

ulaz
indawo yokungena
tigar
ingwe
kavez
ikheji
zebra
idube
hrana za životinje
ukudla kwezilwane
panda
iphanda

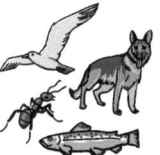

životinje
izilwane

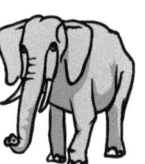

slon
indlovu

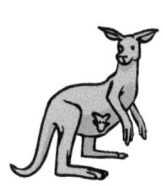

kengur
ikhangaru

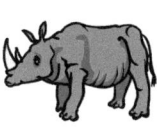

nosorog
ubhejane

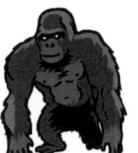

gorila
igorila

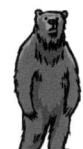

medvjed
ibhele

kamila

ikamela

noj

intshe

lav

ingonyama

majmun

inkawu

flamingo

i-flamingo

papagaj

upholi

polarni medvjed

ibhele laseqhweni

pingvin

iphenguwini

morski pas

ushaka

paun

ipigogo

zmija

inyoka

krokodil

ingwenya

čuvar u zoološkom vrtu

umgcini wezilwane

tuljan

isilwane saseqhweni

jaguar

ijaguwa

poni

iponi

leopard

ingwe

nilski konj

imvubu

žirafa

indlulamithi

orao

ukhozi

divlja svinja

intibane

riba

inhlanzi

kornjača

ufudu

morž

i-walrus

lisica

ujakalase

gazela

inyamazane igazele

američki fudbal
ibhola lezinyawo laseMelika

vožnja bicikla
umdlali webhayisikili

tenis
ithenisi

košarka
ibhola lomnqankiswano

plivanje
ukubhukuda

boks
isibhakela

hokej na ledu
i-ice hockey

fudbal

ibhola lezinyawo

bedminton

i-badminton

laka atletika

abasubathi

rukomet

ibhola lezandla

skijanje

ukushushuluza

polo

ipolo

skakati
gxuma

smijati se
hleka

zagrliti
haga

ići
hamba

pjevati
cula

sanjati
phupha

moliti
thandaza

ljubiti
cabuza

pisati
bhala

crtati
dweba

pokazati
bonisa

gurati
phusha

dati
nikeza

uzeti
thatha

imati

yiba

raditi

yenza

biti

yiba

stajati

sukuma

trčati

gijima

vući

donsa

baciti

phonsa

pasti

yiwa

ležati

amanga

čekati

linda

nositi

thwala

sjediti

hlala

obući

gqoka

spavati

lala

probuditi

vuka

pogledati

bukela

plakati

khala

milovati

qhweba

češljati

kama

govoriti

khuluma

razumjeti

qonda

pitati

buza

slušati

lalela

piti

phuza

jesti

idla

pospremiti

coca

voljeti

thanda

kuhati

pheka

voziti

shayela

letjeti

ndiza

jedriti

hamba ngomkhumbi

računati

bala

čitati

funda

učiti

funda

raditi

sebenza

vjenčavti

shada

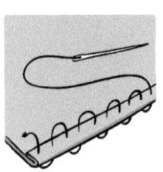

šiti

thunga

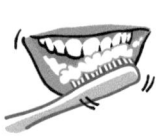

prati zube

geza amazinyo

ubiti

bulala

pušiti

bhema

slati

thumela

baka
ugogo

djed
umkhulu

otac
ubaba

majka
umama

beba
ingane

kćerka
indodakazi

sin
indodana

gost

isivakashi

ujna, tetka, strina

u-anti

ujak, tetak, stric

umalume

brat

umfowethu

sestra

udadewethu

tijelo
umzimba

čelo
isiphongo
oko
amehlo
leđa
ihlombe
prst
umunwe
lice
ubuso
brada
isilevu
ruka, šaka
isandla
noga
umlenze
grudi
amabele
ruka
ingalo

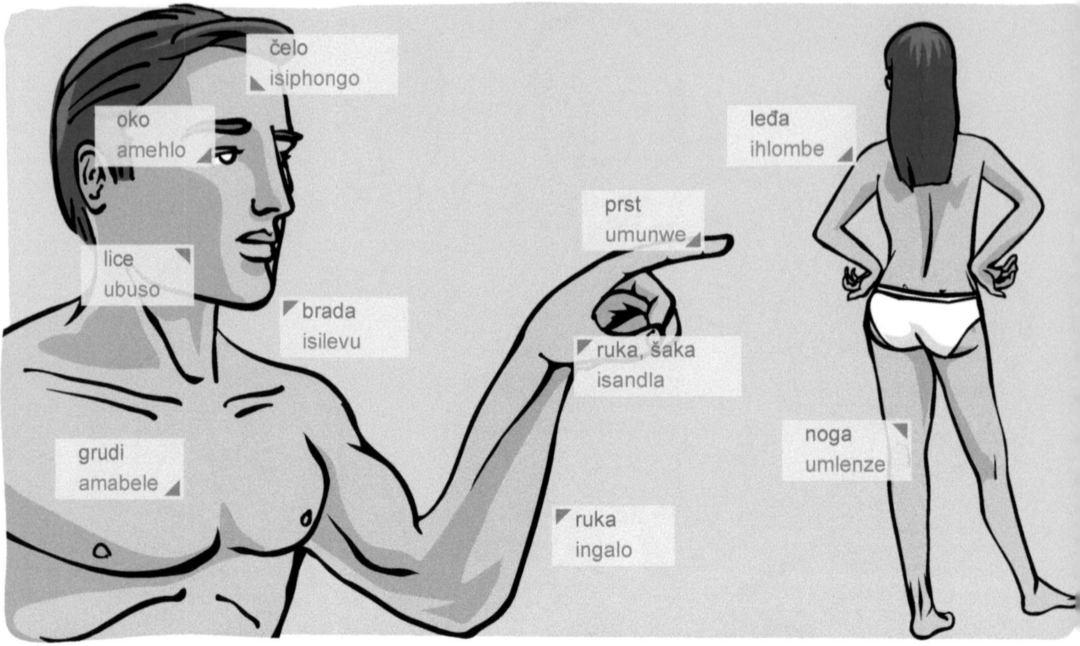

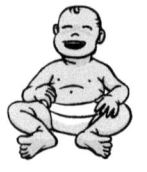

beba

ingane

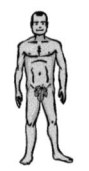

muškarac

indoda

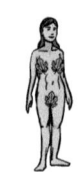

žena

owesifazane

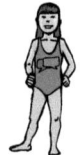

djevojčica

intombazane

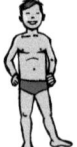

dječak

umfana

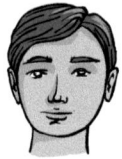

glava

ikhanda

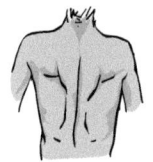

leđa
umhlane

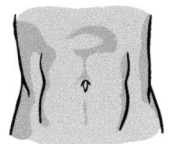

stomak
isisu

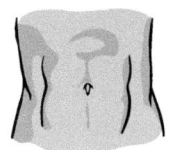

pupak
inkaba

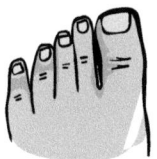

nožni prst
izinzwane

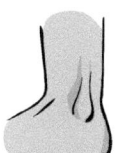

peta
isithende

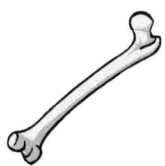

kosti
ithambo

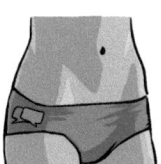

kuk
inqulu

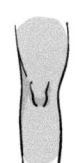

koljeno
idolo

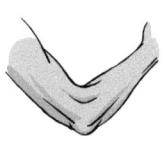

lakat
indololwane

nos
ikhala

stražnjica
ingenzansi

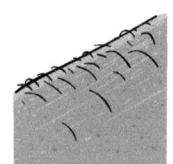

koža
isikhumba

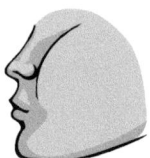

obraz
iziqhomo

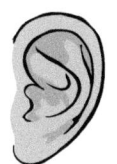

uho
indlebe

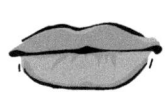

usna
udebe

tijelo - umzimba   69

usta

umlomo

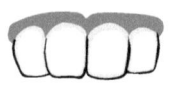

zub

amazinyo

jezik

ulimu

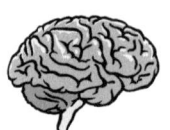

mozak

ingqondo

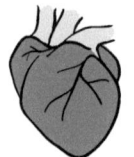

srce

inhliziyo

mišić

imasela

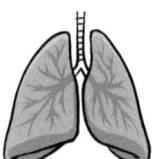

pluća

uphaphe

jetra

isibindi

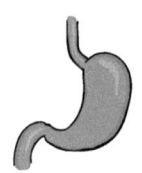

želudac

isisu

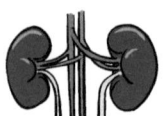

bubreg

izinso

spolni odnos

ucansi

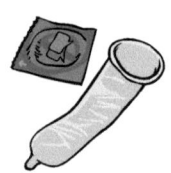

kondom

ikhondomu

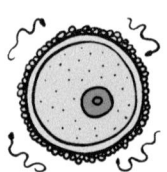

jajna ćelija

iqanda

sperma

isidoda

trudnoća

ukukhulelwa

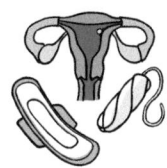

menstruacija

ukuya esikhathini

vagina

imomozi

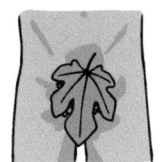

penis

umthondo

obrva

ishiya

kosa

izinwele

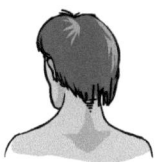

vrat

intamo

bolnica
isibhedlela

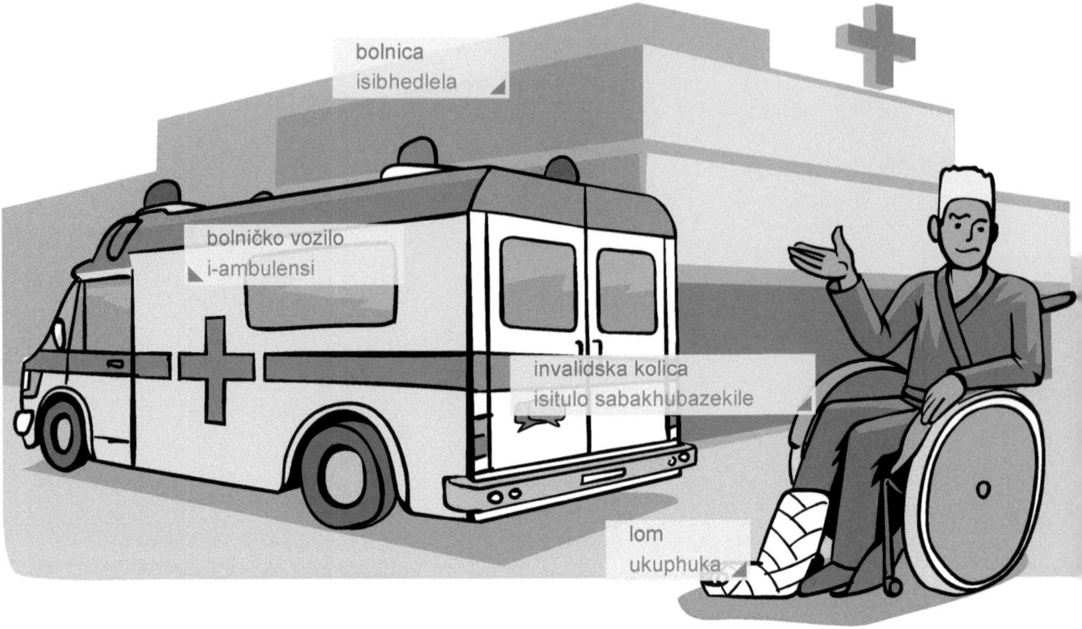

bolnica
isibhedlela
bolničko vozilo
i-ambulensi
invalidska kolica
isitulo sabakhubazekile
lom
ukuphuka

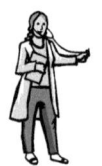

ljekar

udokotela

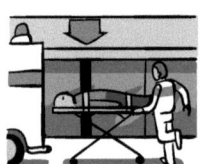

hitna služba

igumbi leziguli ezidinga ukwelashwa okuphuthumayo

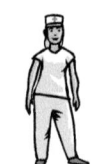

medicinska sestra

umhlengikazi

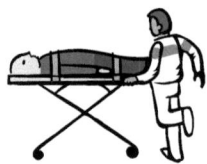

hitna pomoć

izimo eziphuthumayo

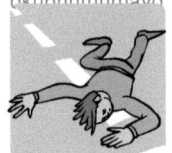

nesvjest

ukuquleka

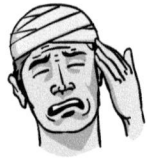

bol

ubuhlungu

povreda
ukulimala

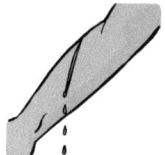

krvarenje
ukopha

srčani udar, infarkt
isifo senhliziyo

moždani udar
ukushaywa unhlangothi

alergija
ukungazwani komzimba
nezinto ezithile

kašalj
ukukhwehlela

groznica
imfiva

gripa
umkhuhlane

proljev
ukuhuda

glavobolja
ukuphathwa ikhanda

rak
umdlavuza

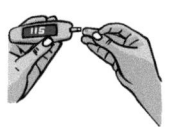

dijabetes
isifo sikashukela

hirurg
udokotela ohlinzayo

skalpel
isikalpheli

operacija
ukuhlinzwa

CT

CT

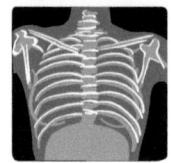

rendgen

i-x-ray

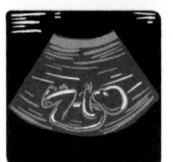

ultrazvuk

i-ultrasound

maska

imaskhi yasebusweni

bolest

isifo

čekaonica

igumbi lokulinda

štake

izinduko zokuhamba

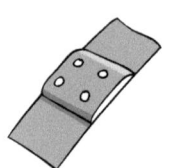

flaster

iplasta

zavoj

ibhandishi

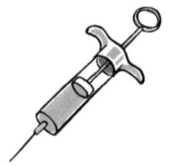

injekcija

umjovo

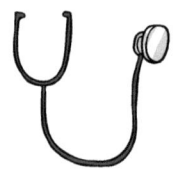

stetoskop

izipopolo zikadokotela

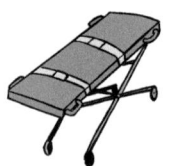

nosilo

i-stretcher

termometar

umshini okala izinga
lokushisa

porod

ukubeletha

prekomjerna težina, debljina

ukukhuluphala ngokweqile

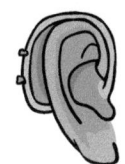

slušni aparat

insizwa yokuzwa

sredstvo za dezinfekciju

ukungatheleleki

infekcija

ukutheleleka

virus

ivariyasi

HIV/ AIDS

HIV / AIDS

medicina

umuthi

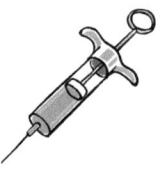

vakcinacija

umgomo

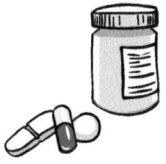

tablete

amaphilisi

pilula

amaphilisi

hitni poziv

ucingo oluphuthumayo

aparat za mjerenje pritiska

umshini okala umfutho
wegazi

bolestan / zdrav

ukugula / ukuba umqemane

Upomoć!

Sizani!

napad, prepad

ukuhlasela

napad

ukuhlasela

opasnost

ingozi

izlaz u slučaju opasnosti

indawo yokubalekela
ngaphansi kwezimo
eziphuthumayo

alarm

i-alamu

Požar!

Umlimo!

vatrogasni aparat

isicimamlilo

nezgoda

ingozi

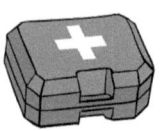

torba prve pomoći

ikhithi yosizo lokuqala

SOS

SOS

policija

amaphoyisa

Europa

Europe

Sjeverna Amerika

North America

Južna Amerika

South America

Afrika

Africa

Azija

Asia

Australija

Australia

Atlantik

Atlantic

Pacifik

Pacific

Indijski okean

Indian Ocean

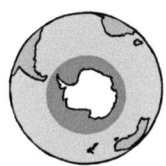

Antarktički okean

Antarctic Ocean

Arktički okean

Arctic Ocean

Sjeverni pol

North Pole

Južni pol

South Pole

Antarktik

Antarctica

Zemlja

Umhlaba

zemlja

umhlaba

more

izilwandle

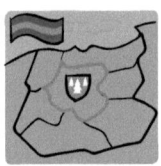

ostrvo

isiqhingi

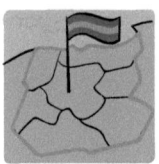

nacija

izwe

država

inhlangano engokomthetho

brojčanik sata

ubuso bewashi

kazaljka sata

isandla sehora

kazaljka minute

isandla semizuzu

kazaljka sekunde

isandla sesibili

Koliko je sati?

Ubani isikhathi?

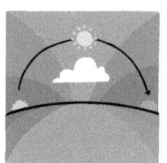

dan

usuku

vrijeme

isikhathi

sada

manje

digitalni sat

iwashi lezibalo

minuta

umzuzu

sat

ihora

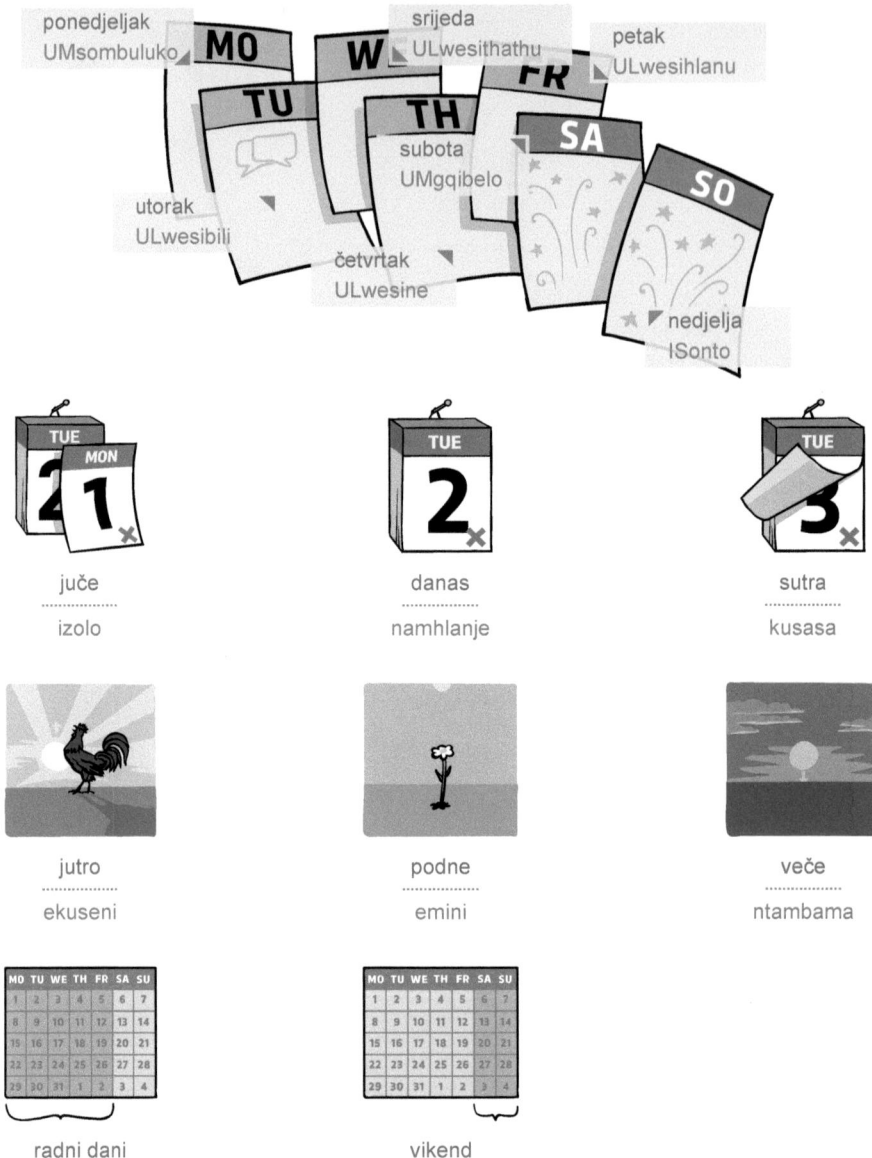

ponedjeljak
UMsombuluko

srijeda
ULwesithathu

petak
ULwesihlanu

utorak
ULwesibili

subota
UMgqibelo

četvrtak
ULwesine

nedjelja
ISonto

juče
izolo

danas
namhlanje

sutra
kusasa

jutro
ekuseni

podne
emini

veče
ntambama

radni dani
izinsuku zeviki

vikend
impelasonto

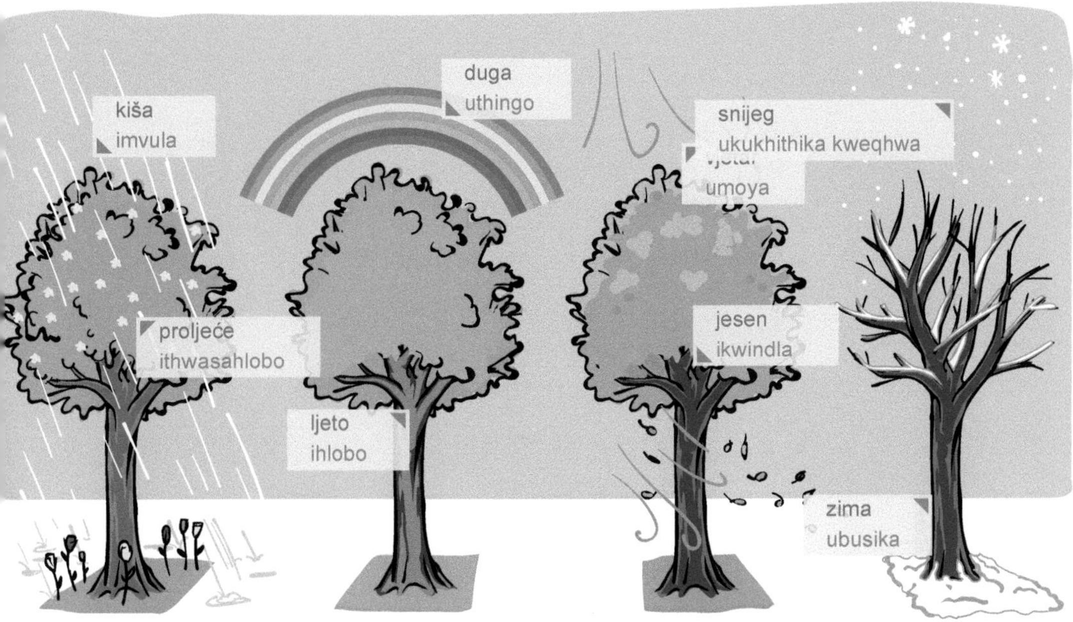

kiša
imvula

duga
uthingo

snijeg
ukukhithika kweqhwa

vjetar
umoya

proljeće
ithwasahlobo

jesen
ikwindla

ljeto
ihlobo

zima
ubusika

prognoza vremena

isimo sezulu

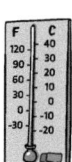

termometar

umshini wezinga lokushisa

sunčev sjaj

ukushisa kwelanga

oblak

amafu

magla

inkungu

vlažnost vazduha

umswakama

munja

ummbani

grom

ukuduma kwezulu

oluja

isiphepho

tuča, led

isichotho

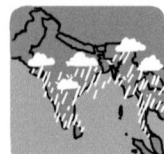

monsun

imvula enkulu

poplava

izikhukhula

led

iqhwa

januar

UMasingana

februar

UNhlolanja

mart

UNdasa

april

UMbasa

maj

UNhlaba

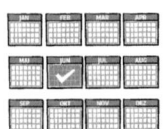

juni

UNhlangulana

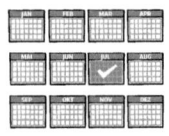

juli

UNtulikazi

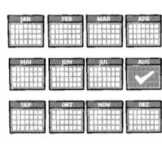

avgust

UNcwaba

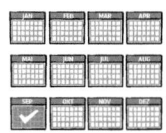

septembar
....
UMandulo

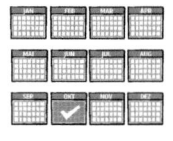

oktobar
....
UMfumfu

novembar
....
ULwezi

decembar
....
UZibandlela

oblici

amasheyphu

krug
....
indilinga

kvadrat
....
isikwele

pravougao
....
unxande

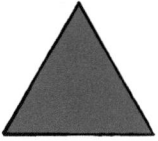

trougao
....
unxantathu

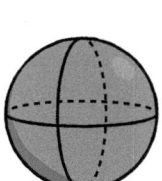

kugla
....
i-sphere

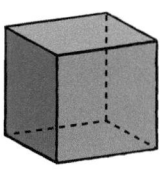

kocka
....
i-cube

bjel
....
kumhlophe

žut
....
kuphuzi

narandžast
....
ku-olenji

pink
....
kuphinki

crven
....
kumbomvu

ljubičast
....
kuphephuli

plav
....
kuluhlaza
okwesibhakabhaka

zelen
....
kuluhlaza

smeđ
....
kubhrawuni

siv
....
kuphashile

crn
....
kumnyama

malo / mnogo

kakhulu / kancane

ljutit / miran

ukucasuka / ubumnene

lijep / ružan

ubuhle / ububi

početak / kraj

isiqalo / isiphetho

veliki / mali

kukhulu / kuncane

svijetlo / tamno

kuyakhanya / kumnyama

brat / sestra

umfowethu / udadewethu

čist / prljav

ukuhlanzeka / ukungcola

potpun / nepotpun

ukuphelela / ukungapheleli

dan / noć

imini / ubusuku

mrtav / živ

ukufa / ukuphila

široko / usko

ukuvuleka / ukunyinyeka

ukusno / neukusno

okudliwayo / okungadliwa

zao / prijatan

ukukhohlakala / umusa

uzbuđen / dosadan

ukujabula / isithukuthezi

debeo / mršav

ukunona / ukuzaca

najprije / najkasnije

ukuqala / ukugcina

prijatelj / neprijatelj

umngane / isitha

pun / prazan

ukugcwala / ukuphela

trvd / mekan

ubunzima / ukuthamba

težak / lagan

ukusinda / ukubalula

glad / žeđ

ukulamba / ukoma

bolestan / zdrav

ukugula / ukuba umqemane

ilegalan / legalan

ngokomthetho / okungekho
emthethweni

inteligentan / glup

ukuhlakanipha /
isiphukuphuku

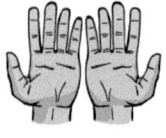

lijevo / desno

isinxele / esokudla

blizu / daleko

eduze / kude

nov / polovan

kusha / sekusebenzile

ništa / nešto

utho / okuthile

star / mlad

okudala / okusha

uključeno / isključeno

vuliwe / kucishiwe

otvoreno / zatvoreno

vula / vala

tiho / glasno

kuthulekile / kunomsindo

bogat / siromašan

ukuceba / ubumpofu

tačno / pogrešno

kulungile / akulungile

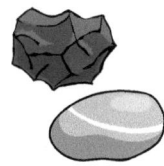

hrapav / glatak

kugadlazekile / kuyashelela

tužan / srećan

dabuka / jabula

kratak / dug

kufishane / kude

spor / brz

kuyanensa / kuyashesha

mokro / suho

ukuba manzi / ukoma

toplo / hladno

ukufudumala / ukuphola

rat / mir

ukulwa / ukuthula

0
nula
uziro

1
jedan
kunye

2
dva
kubili

3
tri
kuthathu

4
četiri
kune

5
pet
kuhlanu

6
šest
isithupha

7
sedam
isikhombisa

8
osam
isishiyagalombili

9
devet
isishiyagalolunye

10
deset
ishumi

11
jedanaest
ishumi nanye

12

dvanaest
ishumi nambili

13

trinaest
ishumi nantathu

14

četrnaest
ishumi nane

15

petnaest
ishumi nanhlanu

16

šesnaest
ishumi nesithupha

17

sedamnaest
ishumi nesikhombisa

18

osamnaest
ishumi nesishiyagalombili

19

devetnaest
ishumi nesishiyagalolunye

20

dvadeset
amashumi amabili

100

sto
ikhulu

1.000

hiljada
inkulungwane

1.000.000

milion
izigidi

engleski

isiNgisi

američki engleski

isiNgisi saseMelika

kinesko mandarinski

isiMandarin saseShayina

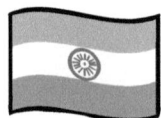

hindi

isiHindi

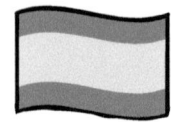

španski

iSpanishi

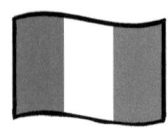

francuski

isiFulentshi

arapski

isi-Arabhu

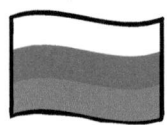

ruski

isiRashiya

portugalski

isiPutukezi

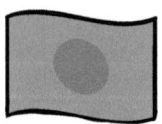

bengalski

isiBengali

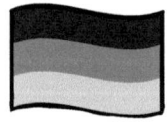

njemački

isiJalimane

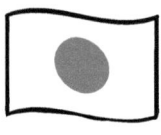

japanski

isiJapane

ja

Mina

ti

wena

♂ ♀ ◯

on / ona / ono

u / u / ku

mi

thina

vi

nina

oni

bona

ko?

ubani?

šta?

ini?

kako?

kanjani?

gdje?

kuphi?

kada?

nini?

ime

igama

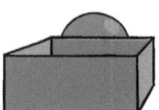

iza
ngemuva

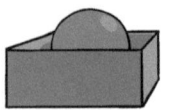

u
ngaphakathi

pred
phambi kwe

iznad
phezulu

na
ngaphezulu

ispod
ngaphansi

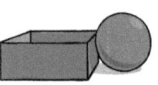

pored
eceleni

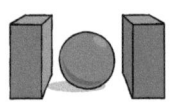

između
phakathi

mjesto
indawo